LETTRE

A SA GRANDEUR

MESSIRE

COMTE DE PEYRONNET,

GARDE DES SCEAUX,

MINISTRE SECRÉTAIRE D'ÉTAT AU DÉPARTEMENT DE LA JUSTICE,

SUR UNE INCULPATION

D'ESCROQUERIE SACRILÉGE,

Par E. Marchand,

AVOCAT A STRASBOURG.

« La Calomnie! Monseigneur, vous ne savez
pas ce que vous dédaignez! »

A PARIS ET A STRASBOURG,

CHEZ LES LIBRAIRES MARCHANDS DE NOUVEAUTÉS.

———

1826.

PARIS. — FAIN, IMPRIMEUR, RUE RACINE, N⁰. 4,
PLACE DE L'ODÉON.

LETTRE

A SA GRANDEUR

MESSIRE

COMTE DE PEYRONNET.

Monseigneur,

Il est des circonstances où le plus mince individu se trouve dans la nécessité d'importuner, de distraire de ses profondes et utiles méditations l'homme d'état qui, comme vous, consacre toutes ses veilles, toutes ses lumières au bonheur de ses concitoyens, à la gloire de la patrie. Mais « une injustice faite à un » seul est une menace faite à tous, » et Votre Grandeur a trop de magnanimité pour ne point pardonner les très-humbles doléances que j'ai l'honneur de lui adresser. Quelques réflexions d'utilité générale pourront d'ailleurs trouver place dans cet écrit : raison de plus de ne point hésiter à prendre la plume, raison de plus d'oser compter sur votre indulgence.

Mais, sans autre préambule, entrons en matière et procédons avec ordre, s'il est possible : c'est le vrai moyen de présenter quelque clarté, et, comme dit

Quintilien, le discours doit être clair pour ceux mêmes qui écoutent avec négligence.

§ Ier.

Objet de cette lettre, et pourquoi on l'imprime.

Un individu, ne fût-il qu'avocat, lorsqu'il a été calomnié par le ministère public, a-t-il le droit de se plaindre?

Cette question vous paraît singulière, Monseigneur, et pourtant elle ne l'est pas. Non-seulement, direz-vous, on a le droit de se plaindre, mais on a encore celui de demander que le calomniateur soit puni. Eh bien! c'est une erreur. Sous la législation qui nous protége, une telle réparation ne nous est pas toujours accordée. Il est des cas où le ministère public peut calomnier, à dire d'experts, sans qu'on ait le moindre reproche à lui faire, j'entends reproche légal, autorisant une action devant les tribunaux : tout à l'heure Votre Grandeur sera forcée d'en convenir.

D'après la loi du 17 mai 1819, la diffamation résultant d'écrits rendus *publics* est punie, il est vrai, et un membre du parquet ne pourrait, pas plus que tout autre diffamateur, se soustraire à la condamnation, sauf néanmoins la formalité voulue par l'article 75 de la constitution républicaine de l'an 8, maintenu en vigueur et fidèlement exécuté sous la monarchie légitime, disposition d'où il suit que nul agent du gouvernement ne peut être poursuivi sans l'autorisation du conseil d'état. Mais il ne s'agit point ici du sımple délit de calomnie dont se serait rendu coupable un procureur du roi, avocat général ou substitut ; il s'agit d'une diffamation privilégiée, si je puis ainsi m'exprimer, résultant de certains actes du ministère public, lesquels rentrent, il faut bien en convenir, dans le cercle de ses attributions.

Expliquons-nous.

La poursuite des délits et des crimes appartient au ministère public, et elle a lieu, d'après la loi, ou sur la dénonciation d'un individu se disant instruit du fait, ou sur la plainte de la partie lésée, ou encore d'office, comme au cas de flagrant délit.

Dans la première hypothèse, l'accusé acquitté peut exiger du procureur général qu'il lui fasse connaître ses *dénonciateurs* (lorsque l'acquittement est prononcé par une cour d'assises), et il a droit, en ce cas, à des dommages-intérêts (art. 358 du Code d'instruction criminelle).

Dans le cas de plainte, l'accusé acquitté peut demander également réparation contre le *plaignant* qui s'est porté partie civile (art. 366), et il le pourrait même quand ce dernier se serait départi avant le jugement (art. 66).

Mais, lorsque le ministère public a agi d'*office*, quelle action un prévenu ou un accusé, reconnu innocent, peut-il exercer? Aucune. Dans cette dernière situation, le tort le plus grave eût-il été causé à l'homme injustement poursuivi, l'impunité est assurée au ministère public par le second paragraphe de l'article 367 du Code pénal, ainsi conçu :

« Art. 367. Sera coupable du délit de calomnie
» celui qui, etc.

» La présente disposition n'est point applicable
» aux faits dont la loi autorise la publicité, *ni à*
» *ceux que l'auteur de l'imputation était, par la na-*
» *ture de ses fonctions ou de ses devoirs, obligé de*
» *révéler ou de réprimer.* »

Cependant, Monseigneur, le dommage que je viens de signaler peut avoir lieu, la calomnie la mieux con · ditionnée peut résulter même des seuls actes préliminaires de procédure faits sur les réquisitoires d'un procureur du roi; car ces actes reçoivent une véritable publicité, car ils sont mentionnés dans des registres publics, car ils sont notifiés par des fonctionnaires publics, car ils parviennent, par leur nature même et les formalités qu'ils exigent, à la connaissance d'une portion considérable du public.

Mais alors, et si, dans ces actes, par erreur ou avec intention, un membre du parquet a qualifié un honnête homme d'escroc, de voleur, d'assassin; si, plus tard et faute de charges, le ministère public est forcé d'abandonner ses poursuites; et si, légalement, il n'est pas permis de demander réparation, parce que le procureur du roi avait mission de rechercher et de réprimer le crime ou le délit, s'ensuit-il que tout silence soit imposé à la victime d'une pareille diffamation? L'innocent faussement accusé ne peut-il pas, à son tour, employer la voie de la publicité, et en appeler au jugement de ses concitoyens? Oui, sans doute, Monseigneur, et c'est ce que je fais aujourd'hui, afin de repousser une inculpation calomnieuse rendue publique de la manière que je viens d'indiquer, c'est-à-dire par des actes de procédure criminelle. Votre Grandeur connaîtra la

nature de cette inculpation dans le paragraphe suivant.

§ II.

Inculpation d'escroquerie sacrilége.

Dans les premiers jours d'avril dernier, et sur un
réquisitoire de M. le procureur du roi, le juge d'instruction de l'arrondissement de Strasbourg s'occupa
d'une information dirigée contre le sieur Marchand,
avocat, à raison d'un délit grave, s'il faut en croire
l'exploit de citation signifié à de nombreux témoins.
Cet exploit était ainsi conçu :

« L'an mil huit cent vingt-six, le sept avril, à la
» requête du ministère public près le tribunal de
» première instance de l'arrondissement de Stras-
» bourg, qui a son domicile en son parquet, en ladite
» ville, je, Jean-Baptiste Thomas, huissier près le
» même tribunal, patenté, demeurant en ladite ville,
» soussigné, ai donné assignation

» A.... (ici le nom du témoin.) et parlant à....

» A comparaître en personne le..... par-devant
» M. le juge d'instruction de l'arrondissement de
» Strasbourg, en son cabinet, au Palais de Justice,
» sis rue de la Nuée bleue, n°. 16, *pour déposer vé-*
» *rité en l'information qui est faite contre le sieur*
» *Marchand, avocat,* PRÉVENU D'ESCROQUE-
» RIE SACRILÉGE.

» Et ce, sous les peines de droit, et moyennant
» salaire..... et pour qu'il n'en ignore, je lui ai laissé
» la présente copie.....

» *Signé,* THOMAS. »

2.

Pareille citation a été notifiée à l'inspecteur et à *treize* buralistes de la loterie royale à Strasbourg, et l'original de l'exploit a été revêtu de la formalité de l'enregistrement, le huit avril, par le receveur Schirmer, *pour un franc en débet, recto, case 6 du registre.*

Enfin, si je suis bien informé, ces poursuites ont été ordonnées sur des renseignemens reçus du parquet de la cour royale de Paris.

Niera-t-on, Monseigneur, que cette inculpation d'*escroquerie sacrilége* ait été rendue publique? N'est-ce pas un acte public que l'exploit de l'huissier Thomas? Cet acte n'a-t-il pas été inscrit dans les registres publics du fisc? Cet exploit n'a-t-il pas été signifié à quatorze employés ou receveurs de loterie, ayant bureau public à Strasbourg? Leur a-t-on enjoint de tenir la citation secrète, et de taire le nom de l'inculpé? Toutes les pièces de cette information n'ont-elles pas dû, comme à l'ordinaire, traverser et parquets et greffes? Y a-t-il eu défense d'en parler? En un mot, y a-t-il eu absence de publicité? Non, encore une fois, non : il y a eu publicité, parfaite publicité, et grâces à l'écho qui n'est jamais silencieux lorsqu'il s'agit de calomnie et de scandale, des centaines, des milliers de personnes ont pu savoir que *l'avocat Marchand était prévenu d'escroquerie sacrilége.....*

Objectera-t-on que telle est la forme et qu'on en use ainsi à l'égard de tout inculpé? Je réponds que la forme calomnie tout inculpé qui, comme moi, ne devait être l'objet d'aucunes poursuites. Et, s'il fallait à la rigueur discuter le mérite de cette forme, il ne serait peut-être pas impossible d'établir qu'elle n'est justifiée par aucune disposition du Code d'instruction criminelle. En effet, les art. 71 et 72, où il est parlé des citations à témoin, n'ont rien prescrit de semblable; et ce serait à tort que, raisonnant par analogie, on viendrait s'appuyer de l'article 61 du Code de procédure civile, concernant l'exploit d'ajournement, lequel doit indiquer l'objet de la demande. Il ne peut y avoir aucune similitude entre ce dernier acte, signifié contradictoirement par les plaideurs, et la citation à témoin en matière criminelle.

Mais je reviens à mon sujet :

De quoi vous plaignez-vous, me dira-t-on? Vous n'avez point été appelé devant le juge d'instruction, aucun mandat n'a été décerné contre vous..... Non, je n'ai point été appelé, et cela ajoute encore à la diffamation : car ces poursuites préliminaires ont eu lieu sans qu'il fût nécessaire d'interroger la partie accusée, tant il y avait de charges, tant il y avait d'indices de culpabilité? Quatorze témoins sont entendus contre moi, sous le prétexte d'un délit qui serait de la plus haute gravité, et l'on ne m'en dit rien, et je ne puis me disculper, et c'est par le bruit public que j'apprends que j'ai été traité d'escroc sacrilége !

Ma justification personnelle n'était pas nécessaire apparemment, et, puisque l'affaire en est restée là, je dois croire que les dépositions des témoins ont suffi pour démontrer que l'inculpation n'avait pas l'ombre de fondement. Mais quelle étrange manière de procéder! Comment! le parquet pourra lanc

dans le public de nombreux actes de procédure criminelle, dirigés contre un individu qui n'a été ni dé-
noncé, ni pris en flagrant délit, et qu'il ne fait pas
même appeler; il entendra des témoins, ordonnera,
en un mot, une information complète; et parce qu'il
se sera trompé, ou parce qu'il aura cédé à quelque
perfide suggestion, tout cela pourra avoir existé sans
que l'homme faussement accusé puisse élever la voix!
Oh! non, Monseigneur, et Votre Grandeur a trop
d'amour pour la justice, trop le sentiment des con-
venances et des égards qu'on a droit d'attendre, même
du ministère public, pour ne pas trouver, en ce cas,
la plainte très-légitime. Vous vous demanderez comment on a pu agir ainsi, sans données certaines,
sans de graves présomptions; comment on a pu in-
culper aussi légèrement et aussi publiquement tout
à la fois, un homme dont la profession doit com-
mander l'estime publique, comment, dis-je, on a pu
lui imputer aussi gratuitement le crime énorme d'*escroquerie sacrilége?...*

Daignez me continuer votre bienveillante attention, Monseigneur, et bientôt votre étonnement,
j'ai presque dit votre indignation s'accroîtra, s'il est
possible, par la connaissance des faits qui ont donné
lieu à ces poursuites.

§ III.

Motifs et absurdité de l'inculpation.

Lorsque j'appris que j'étais *prévenu d'escroquerie
sacrilége,* comme il est dit dans l'exploit de l'huissier Thomas, mon premier mouvement fut, je l'a-

voue, un mouvement d'hilarité. Tel est le privilége des choses qu'on peut le moins comprendre, que souvent elles excitent le plus à rire. Sans savoir ce que cela signifiait, je ne pouvais me défendre de l'impression que cause en nous une bonne ou mauvaise plaisanterie. Je prononçais, je répétais les mots *escroquerie sacrilége*, et il m'était impossible de n'y pas trouver quelque chose de bouffon. Toutefois, un peu de réflexion eut bientôt dissipé ce premier mouvement; je me rappelai les paroles sorties naguère de la bouche du président du conseil. *Rira bien qui rira le dernier*, disait éloquemment son excellence, à la tribune des députés, en répondant à M. de Girardin qui avait pris la liberté de dérider le front des membres les plus sérieux, par la lecture d'un discours de monseigneur le comte de Villéle, prononcé avant qu'il fût ministre; rira bien qui rira le dernier, me suis-je dit à mon tour, et je n'ai plus songé qu'à me rendre compte de l'inculpation d'escroquerie sacrilége. J'ai été curieux surtout de connaître la peine qui m'attendait; mais que ma perplexité a été grande! L'escroquerie seule est prévue par le Code pénal et elle est punie d'un emprisonnement d'un an au moins et de cinq ans au plus; le sacrilége seul est prévu par la loi du 20 avril 1824 et il est puni de mort : laquelle de ces deux peines, me disais-je, voudra-t-on m'infliger? est-ce l'emprisonnement? mais alors que signifie le mot sacrilége? il n'est pas possible qu'il soit mis là sans but. Est-ce la peine capitale? mais alors pourquoi le mot escroquerie? il n'ajoute rien au crime de sacrilége. Sont-ce les deux peines ensemble? mais alors la plus forte l'emportera.... et vraiment j'aurais pu, sans faiblesse, être accessible à quelque sentiment de frayeur. Tel est pourtant l'embarras que m'a causé cette inculpation d'*escroquerie sacrilége* qui n'est prévue ni par le Code pénal, ni par la loi du 20 avril 1824, qui n'est définie par aucune disposition légale, par aucun arrêt, et qui cependant a été écrite en toutes lettres dans l'exploit de l'huissier Thomas. Votre Grandeur ne la comprend pas cette inculpation? ni moi non plus, monseigneur. Tout ce que j'ai pu ou cru pouvoir démêler lorsqu'on m'en a instruit, c'est qu'apparemment il s'agissait de quelque profanation ou abus des choses saintes, en un mot de matières religieuses.

Cette pensée a dû nécessairement me porter à faire un examen de conscience : je m'y suis livré avec ferveur et recueillement.

Qu'ai-je donc fait, me suis-je demandé, quel est donc mon crime ?

M'a-t-on vu distiller dans mes écrits le fiel d'une âme hypocrite, semer des germes de division dans les familles, et appeler sur une portion de mes frères l'anathème et l'excommunication ?

Ou bien, sous la forme d'une trompeuse et feinte douceur, m'a-t-on vu inculquer dans l'esprit de ceux dont la crédulité eût fait alors toute ma science, des principes d'intolérance et de fanatisme, de haine et de persécution ?

Ai-je répandu de détestables doctrines, ai-je plaidé la cause de l'ignorance ?

Ai-je imprimé l'apologie des Jésuites ?

Non. Je n'ai rien fait de semblable. Mais quel est donc mon crime ?

Ai-je, avec impiété, revêtu l'habit sacerdotal pour aller prêcher ou plutôt vociférer des cris de rage et de vengeance au nom d'un Dieu de paix et de miséricorde ?

Ai-je trafiqué des pratiques de dévotion, me suis-je fait colporteur et distributeur d'amulettes ; m'a-t-on vu offrir les grâces du Très-Haut en raison du prix qu'on voudrait bien les payer ? Ai-je mis mes frères à contribution ?

Oubliant le respect dû à la Divinité, m'a-t-on vu donner son image en spectacle, avec une pompe profane et indigne du temps où nous vivons ? Ai-je ameuté la foule au nom du Seigneur ; l'ai-je excitée à des hurlemens, à de véritables blasphèmes ? M'a-t-on vu donner des parades en plein vent pour l'édification des fidèles ?

Non. Je n'ai rien fait de semblable. Mais quel est donc mon crime ?

Suis-je complice d'enlèvemens de mineurs faits pour le compte de maisons soi-disant pieuses ? Ai-je, en vertu de faux testamens, cherché à dépouiller des héritiers légitimes au profit des révérends pères de Saint-Acheul ?

Me suis-je emparé violemment de la propriété d'autrui pour accroître les richesses et la domination de la Compagnie de Jésus ?

Renégat déhonté, ai-je méconnu là voix de Dieu qui m'ordonnait de secourir des chrétiens sacrifiés à la barbarie ? m'a-t-on vu faire le signe de la croix d'une main, et de l'autre assassiner pour la gloire d'Ibrahim ?

Non, mille fois non. Je n'ai rien fait de semblable. Mais quel est donc mon crime ?

Le voici, Monseigneur :

Votre Grandeur se rappellera qu'à la fin de l'année dernière un procès de *tendance irréligieuse* fut intenté au journal de l'opposition, intitulé le Courrier français. Au nombre des articles incriminés se trouvait le suivant, inséré dans le numéro du 5 juillet 1825.

A Monsieur le Rédacteur du Courrier Français.

Strasbourg, le 1er. juillet 1825.

Monsieur,

« On écrit sur un petit billet les numéros qu'on veut prendre. » Alors on fait dire trois messes, parce que, bien qu'une seule » messe soit bonne, on est plus sûr avec trois d'obtenir la grâce » de Dieu. Les numéros doivent, dès le commencement de la » sainte messe, être présentés cachetés. Les messes doivent être » dites pour la consolation des pauvres âmes qui sont dans le » purgatoire ; et en l'honneur de la sainte Vierge, afin que nous » puissions obtenir la grâce de Dieu. Les numéros sont mis sous » la nappe (*unter das tuch*) jusqu'après la transsubstantiation (*bis* » *die Wandlung vorüber ist*) ; alors seulement le prêtre les place » devant lui ; puis, lorsqu'il a consacré, et après l'élévation de » la sainte hostie, il les regarde et lit ceux qui doivent rester, » s'ils sont bons. Mais, peut-être, d'autres numéros paraîtront sur » le billet. Ceux-là, il faut les écrire avec soin, car ils sont sûrs. » Sans cela rien. »

Ce que je viens de transcrire est la traduction littérale d'une note ou instruction laissée par un habitant de la campagne, dans un bureau de loterie de Strasbourg ; elle est écrite en allemand (d'Alsace), et j'en possède l'original. Mon intention n'est point de signaler l'auteur de cette instruction comme abusant de la crédulité des pauvres d'esprit d'une manière un peu trop ridicule. Mais bien que cette note ne soit pas signée (et l'on conçoit qu'elle ne pouvait l'être), comme tout le monde ne peut dire des messes, comme un certain nombre d'individus, que je respecte beaucoup, a seul intérêt à ce qu'on fasse dire trois messes plutôt

qu'une, je me suis réjoui de cette découverte et me suis dit :
s'il n'est pas permis de danser et d'aller à la comédie, ainsi que
l'a prêché M. l'abbé Desmares dans la cathédrale de Strasbourg ,
du moins, il ne nous est pas défendu de jouer à la loterie en
l'honneur de la sainte Vierge et pour la consolation des âmes du
purgatoire.

J'ai l'honneur de vous saluer,　　　　　Un Catholique.

Je ne rapporterai point toute la discussion à laquelle
donna lieu cet article. M. l'avocat général de Broë s'é-
leva avec force contre la lettre du catholique. Tout en
reconnaissant qu'une tentative avait été faite par une
vieille femme , à Strasbourg , pour y glisser des numéros sous la nappe de l'autel , il représenta la note
traduite comme « évidemment fabriquée par quelque
» ennemi de la religion ou par quelque escroc qui
» aurait abusé de la crédulité de la vieille femme... »

Me. Mérilhou, défenseur du Courrier, le justifia
complétement : « Les rédacteurs , dit-il , n'ont pas
rapporté avec indifférence cette association impie de
l'avarice et de la superstition. Relisez leurs paroles :
vous verrez que leur *tendance* à cet égard , loin d'être
irréligieuse , est au contraire en harmonie avec l'indignation que doivent éprouver les gens de bien. Ils
ont rapporté ce fait, mais pour le flétrir, mais pour
le signaler au mépris du public, et à la répression
des supérieurs hiérarchiques.... »

« Si l'on demande l'origine de la pièce, dit plus loin
» le défenseur du Courrier, la voici :

A M. le Rédacteur du Courrier français.

Strasbourg, 23 novembre 1825.

Monsieur,

Comme il se pourrait que, dans le procès de [tendance dirigé contre vous; et suivant la méthode ordinaire et facile, on vînt taxer d'invention la *recette* pour gagner à la loterie, insérée dans votre numéro du 5 juillet dernier, je crois devoir vous en faire passer l'original. J'affirme que cette pièce m'a été remise par un buraliste de la loterie royale, à Strasbourg, comme ayant été oubliée chez lui par un de ses actionnaires de la campagne, et je n'hésiterais point à nommer ce buraliste s'il était *inamovible*.

Au surplus, il est facile de convaincre M. de Broë lui-même, à la simple inspection de ce papier, que ce qu'il contient n'est pas l'ouvrage de la malveillance : la malveillance aurait inventé quelque chose de mieux. Il est vrai qu'il n'est pas signé : je demande à la bonne foi s'il pouvait l'être.

Agréez, etc.

C. Marchand, avocat.

P. S. J'ajoute, pour vous servir au besoin, que la lettre et la traduction que contient votre numéro du 5 juillet sont littéralement celles que je vous avais envoyées.

Mais, loin de paraître convaincu, M. de Broë soutint, dans sa réplique, que la note pour gagner à la loterie était une invention calomnieuse; et pour mieux le prouver, il s'appuya, au grand étonnement des auditeurs, d'une lettre du préfet du Bas-Rhin, d'où il résultait qu'une femme avait été surprise, *dans le chœur de la cathédrale, au moment où elle avait placé sous la nappe un billet de loterie; et qu'elle avait déclaré avoir payé la célébration de trois messes...*

On sait que le Courrier français fut acquitté.

Telle est cependant, Monseigneur, la source de l'inculpation d'escroquerie sacrilége dont j'ai été l'objet au mois d'avril dernier. Votre Grandeur ne comprend pas encore comment on a pu trouver, dans l'article du 5 juillet, le moindre indice de ce crime contre celui qui l'avait rédigé. Elle ne peut concevoir que l'homme qui a signalé et stigmatisé la turpitude

puisse être considéré comme en étant l'auteur. Enfin,
Votre Grandeur n'imagine pas comment le ministère
public a pu penser que l'inventeur du moyen d'es-
croquer aurait divulgué son secret, et se serait em-
pressé d'en publier la honte et le ridicule. Tel a pourtant dû être le raisonnement de M. de Broë; c'est-
à-dire, que la publication d'une lettre dans laquelle
je faisais connaître un moyen honteux d'exploiter
l'excessive confiance des pauvres d'esprit, a paru au
ministère public une présomption suffisante que j'é-
tais, moi, l'inventeur de ce moyen; c'est-à-dire que
celui qui signale un coupable, est aux yeux du ministère public le coupable même; c'est-à-dire que cet
agent du parquet prend plaisir à raisonner à faux,
complétement à faux, absolument en sens inverse de
la moindre étincelle de logique et de raison : le sieur
Marchand nous dénonce un fait répréhensible, donc
il en est l'auteur; il indique la source où il a puisé
ses preuves, donc il n'a point de preuves; il nous
envoie l'original de la pièce, donc la pièce n'existe
pas....

Mais, Monseigneur, je suppose que dans un beau
mouvement de zèle, M. de Broë eût fait un réquisitoire contre les corporations dont l'existence a été
reconnue par arrêt de la Cour royale de Paris, le 5
décembre 1825, que répondrait ce magistrat si,
imitant sa manière de déduire les conséquences, on
lui disait : Vous poursuivez la congrégation, donc
vous êtes un congréganiste; vous accusez la compagnie de Jésus, donc vous êtes un jésuite? Le raisonnement ne serait-il pas le même ?

Mais ce dont, j'en suis sûr, Votre Grandeur sera

le plus scandalisée, c'est l'empressement qu'on a mis à requérir une information, à commencer une procédure criminelle pour un fait qui se présentait tellement dénué de vraisemblance, et qui n'a pas même nécessité l'interrogatoire de l'inculpé. « Quelle pitié ! direz-vous. S'il a suffi d'entendre les receveurs de la loterie pour reconnaître l'innocence du sieur Marchand (car il faut bien qu'il soit innocent, puisqu'il n'est pas traduit devant les tribunaux), ne pouvait-on faire demander ces renseignemens par forme administrative ? Et puisque déjà une correspondance avait eu lieu entre le ministère public et le préfet du Bas-Rhin, ne pouvait-on pas faire appeler devant ce fonctionnaire les quatorze employés de la loterie ? On aurait appris alors, tout aussi-bien que par le juge d'instruction, ce qui a dû arrêter les poursuites (1). On aurait ainsi évité l'éclat d'une information juridique ; il n'y aurait eu ni réquisitoire, ni cédules à témoins, ni exploit de l'huissier Thomas dûment enregistré : un avocat n'eût point été gratuitement accusé, dans des actes publics, d'avoir commis une escroquerie sacrilége..... »

Monseigneur, les paroles que je viens de placer dans la bouche de Votre Grandeur seraient de toute justice, et il n'est personne qui, de bonne foi, ne fît la même réflexion. Mais je crains bien que si vous vous exprimiez ainsi devant quelque frère instigateur, il ne vous répondît, comme Basile : La Calomnie !

---

(1) On m'assure qu'un buraliste, au moins, a reconnu avoir trouvé chez lui un papier semblable à la recette pour gagner à la loterie.

Monseigneur! vous ne savez pas ce que vous dédaignez !

§ IV.

Profession de foi de l'inculpé.

Je croirais ne m'être point suffisamment justifié aux yeux de Votre Grandeur si, après avoir repoussé par les faits une accusation semblable, je lui laissais ignorer mes sentimens religieux. On m'a imputé un *sacrilége;* je dois prouver que non-seulement cette inculpation a été une injustice révoltante, puisqu'elle n'avait aucun fondement, mais encore que le ministère public a étrangement calomnié mes intentions; en un mot, et sans prétendre le moins du monde qu'elle puisse intéresser et le public et Votre Grandeur, je veux faire ici ma profession de foi. C'est une satisfaction qui doit m'être permise lorsqu'il s'agit d'un crime aussi épouvantable que le serait une *escroquerie sacrilége.* Ayant déjà démontré que ce crime, je ne l'ai point commis *par action*, il me reste à établir que j'en suis incapable même *par pensées.*

Mais je dois avertir Votre Grandeur que si j'emprunte à d'autres l'expression d'une partie de mes opinions religieuses, c'est que je ne suis point assez célèbre écrivain pour présenter comme le fruit de mes propres méditations, ce que, déjà, j'aurais puisé dans les livres; c'est encore, à mon avis, qu'on ne saurait trop citer lorsque les citations sont bonnes.

Voici donc et en peu de mots ce que je crois, ou plutôt un abrégé de ce que je crois comme homme et comme Français :

Je crois, Monseigneur, qu'en matière de religion il est prudent de douter de beaucoup de choses.

Je crois, après un auteur que vous connaissez probablement, que « ce qu'il y a de plus injurieux à la Divinité n'est pas de n'y point penser, mais d'en mal penser [1]. »

Je crois « qu'il ne faut mesler Dieu en nos actions qu'avec révérence et attention pleine d'honneur et de respect [2].

Je crois que nous devons repousser toute doctrine « qui ne nous apprendrait que des choses absurdes et sans raison, qui ne nous inspirerait que des sentimens d'aversion pour nos semblables et de frayeur pour nous mêmes, qui ne nous peindrait qu'un Dieu colère, jaloux, vengeur, partial, haïssant les hommes, un Dieu de la guerre et des combats, toujours prêt à détruire et foudroyer, toujours parlant de tourmens, de peines et se vantant de punir même les innocens [3]. »

Je crois que nous ne devons point faire à autrui ce que nous ne voudrions pas qu'on nous fît.

Je crois que tous les cultes doivent être tolérés et également protégés.

Je crois qu'il est beaucoup de pratiques superstitieuses qui, devant Dieu, n'ajoutent rien au mérite des fidèles.

Je crois que le crime doit être puni, même lorsqu'il est commis par des prêtres.

---

1 Émile, livre IV.
2 Montaigne, livre Ier., chapitre LVI.
3 Émile, livre IV.

Je crois que le pape n'est pas plus infaillible que tout autre individu.

Je crois que Sa Sainteté n'a rien à dire au roi de France touchant le gouvernement du royaume.

Je crois que les ministres d'un roi très-chrétien ne devraient point faire alliance avec un égorgeur de chrétiens.

Je crois que nous pourrions être heureux et libres sans processions, sans jubilé, sans congrégation, sans missionnaires, sans jésuites.

Je crois cela, Monseigneur, et n'empêche personne d'avoir une autre croyance.

CONCLUSION.

En résumé Votre Grandeur doit reconnaître dans la lettre que je prends la liberté de lui adresser :

Premièrement, la preuve incontestable que le ministère public peut calomnier, même en ne faisant que des actes de son ministère : d'où résultait la nécessité de vous faire remarquer ce danger, Monseigneur, afin d'obtenir, sous ce point de vue, une réforme dans notre législation criminelle, si Votre Grandeur a le temps d'y penser.

Secondement, la preuve non moins incontestable que le ministère public m'a imputé publiquement le délit d'*escroquerie sacrilége :* d'où résultait pour lui la nécessité de justifier son accusation.

Troisièmement, la preuve plus évidente encore, que la cause de cette inculpation reposait uniquement sur des conjectures aussi gratuites qu'absurdes, d'où résultait pour moi la nécessité de publier les motifs puérils ou perfides qui ont dirigé l'auteur des poursuites.

Quatrièmement, enfin, que, par les principes que je professe, je devais me croire à l'abri d'une accusation de sacrilége, d'où résultait encore pour moi la nécessité de protester que je ne suis ni tartufe, ni intolérant, ni jésuite, ni ultramontain.

Que si, ce que je ne puis craindre, Monseigneur, vous vous demandiez de quel droit un avocat obscur a osé, le 5 juillet 1825, imprimer l'instruction qui prescrit de faire dire des messes en l'honneur de la sainte Vierge, et pour le repos des âmes du purgatoire, afin de gagner à la loterie, et de quel droit encore il dénonce aujourd'hui à l'opinion publique une information qui, bien qu'autorisée par la loi, n'en constitue pas moins une véritable calomnie,

Je répondrais sur le premier point :

Que, faire connaître une pareille turpitude, une manœuvre aussi honteuse que celle qui tendrait à exploiter la crédulité des malheureux entraînés par l'appât du gain, c'est prévenir la funeste influence, c'est empêcher le dangereux effet d'une telle suggestion.

Quant aux poursuites qui me sont personnelles, je répondrai à Votre Grandeur par ces paroles de Votre Grandeur : « Sans le privilége qu'ont les avocats » de discuter avec liberté les décisions mêmes que la » justice prononce, ses erreurs se perpétueraient, se » multiplieraient, ne seraient jamais réparées, ou » plutôt un vain simulacre de justice prendrait la » place de cette autorité bienfaisante, qui n'a d'au-

» tre appui que la raison et la vérité [1]. » Je répondrai encore que je me devais à moi-même, que je
devais à mes confrères, au barreau tout entier, de me
laver d'une odieuse inculpation.

Daignez agréer l'hommage du profond respect avec
lequel j'ai l'honneur d'être,

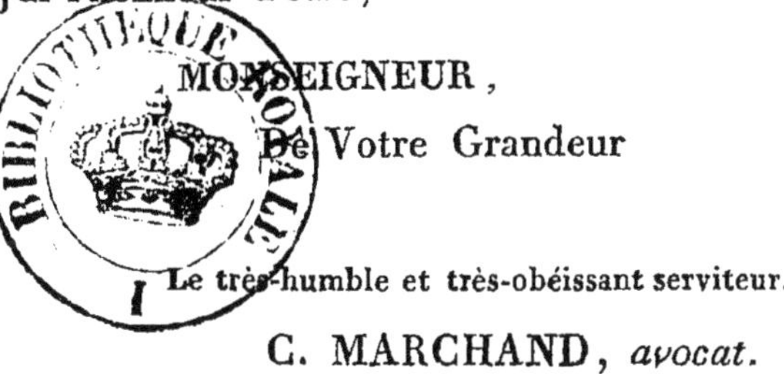

MONSEIGNEUR,

De Votre Grandeur

Le très-humble et très-obéissant serviteur.

C. MARCHAND, *avocat.*

Strasbourg, le 15 juin 1826.

---

(1) Rapport au roi du 20 novembre 1822.

9 782019 292393